最後の伝承
古伝 剛柔流拳法 3

久場 良男

目次

まえがき ——————————————————————————— 3

三戦 ——————————————————————————— 7
三戦 ——————————————————————————— 8
解説と裏分解 ——————————————————————— 16

セーパイ ————————————————————————— 19
セーパイ ————————————————————————— 20
解説と裏分解 ——————————————————————— 30

シソーチン ———————————————————————— 59
シソーチン ———————————————————————— 60
解説と裏分解 ——————————————————————— 68

サンセールー ——————————————————————— 79
サンセールー ——————————————————————— 80
解説と裏分解 ——————————————————————— 90

クルルンファー —————————————————————— 107
クルルンファー —————————————————————— 108
解説と裏分解 ——————————————————————— 118

スーパーリンペー ————————————————————— 139
スーパーリンペー ————————————————————— 140
解説と裏分解 ——————————————————————— 162

テンショウ ———————————————————————— 179
テンショウ ———————————————————————— 180
解説と裏分解 ——————————————————————— 192

あとがき ————————————————————————— 195

プロフィール ——————————————————————— 197

まえがき

空手の運動構造

『剛柔流拳法1』において基本、『剛柔流拳法2』において歩法について述べてきた。突き・蹴り・受けの基本・移動基本における歩法、この重要性は述べても述べつくせないが、これらは空手独特の運動構造により成り立っている。予備運動、補助運動の基本、歩法等における錬り（ナンジ）はこれを作り上げる目的でなければ意味がない。

沖縄においての鍛錬（ナンジ）はこの運動構造を会得する目的で行われてきた。この空手の運動構造が、チンクチ・ガマク・ムチミと呼ばれているもので、このチンクチ・ガマク・ムチミが突き・受け・蹴り・取手の威力を作り上げている。

◆チンクチ

　チンクチとは沖縄独特の言葉であり、独特の概念を持つ運動構造である。ただ一般で言うチンクチと武術のチンクチには違いがみられ、この両方の概念を説明しないと本論には入れないので一般的なチンクチから述べてゆく。

　チンクチとは「筋と骨」のことである。ただ筋とは筋肉のことではなく筋（スジ）のことを指し、骨は骨のことで、筋と骨が交わるところ、つまり関節を指す。

　沖縄方言では筋（スジ）の事をカジ、またチルと呼び、骨（ホネ、コツ）はフニ、またクチと呼ぶ。筋肉質の身体を「カジャー」、筋張って力強いのを「チルジュウサン＝筋強い」、骸骨を白骨「シラクチ」と呼ぶ。このチル、クチを続けて呼ぶ場合「チルクチ」ではなく「チンクチ」になる。

　これが「チンクチ」の概念になるのだが、これは身体的部位を表す場合の言葉であり、武術的な「チンクチ」とは別の概念である。武術的な「チンクチ」の概念は空手独特の運動構造、即ち特定の部位とその使用法を表している。武術でいう「チンクチ」とは広背筋、前鋸筋、大小円筋の部位を表し、チンクチから三角筋、肩関節を通って拳への力の発動を当破（アティファ）、そのルート（経路）の使用法を「チンクチを掛ける」と呼び、空手の運動構造の重要な基礎概念の一つである。

　中国武術ではこの状態の運動構造を「沈肩墜肘」と呼び、中国武術の基礎概念であり、体術として空手と同様の運動構造を持つことを示している。（源流が福州の武術であるので当然のことではあるが）

■チンクチを掛ける具体的な姿勢は、

①肩を下げる・・・肩が上がると力みが入る（無駄な力）。
②胸を開く・・・・胸に力が入ると自然な呼吸が出来ない。
③背を抜く・・・・背に力が入ると技が自然に出ない
④肘を下げる・・・肘が上を向くと「チンクチ」が外れ手突きになる。

　この姿勢を保ち「突き」「受け」を繰り返すと「チンクチ」が出来あがってくる。このために必要な鍛錬型が「三戦」である。

　剛柔流の「三戦」は上の姿勢を保ちながら下半身の締めから「ガマク」を通り、「チンクチ」から拳に抜ける力のルート（経路）を作る事を目的として鍛えられる。「三戦に始まり三戦に終わる」の言葉はこのことで、基本の修練の重要性を示している。

　誤解しないでいただきたいのは、「チンクチ」の錬りと「チンクチ」の使用法は別物であるということである。「チンクチ」を作る段階では肩を動かさずに（カタモーラスナ＝肩踊らすな）筋肉を錬り込むが、応用では肩を抜き、脱力から突き、打ちの技を出さなければならない。

　「チンクチ」は手技の根本技術を支える部位である。

◆ガマク

　ガマクも沖縄独特の言葉であり、これも独特の概念を持つが、本土における丹田、体軸の概念を合わせた言葉に該当すると考えられる。

　「ガマクとは何か？」と問われると、ガマクとは細腰（ウェスト）であると答えなければならない。ただし、これは身体的な部位を指す場合であり、沖縄においては男女とも細い腰（ウェスト）の方がカッコイイとされていた。ただし、武術でガマクを指す場合はその意味あいに違いがある。武術でガマクをさす場合は単なる細腰を指すのではなく、腰、臍（へそ）を中心とした腰回り全体をさし、丹田を意味するフスガマク（臍）と、体軸を意味するクシガマク（腰）に分けられる。ガマクを錬り込むとは丹田を作り、体軸を作り上げることをさす。

　臍ガマクは細腰から臍、丹田の部位を指すが、琉球語には丹田を意味する言葉がなく臍ガマクが丹田を意味している。丹田は上丹田（眉間）、中丹田（檀中）、下丹田（気海）に分けられるが、この丹田は下丹田（気海）であり、その重要性は全ての武術で説かれ、武の力は腕力ではなく、丹田からの力に因るものであることを説いている。臍ガマクの錬りとは気力の根源としての丹田を作りあげることにある。

　腰ガマクは細腰から腰の部位を指し、運動時の軸の役割を持ち武術的には腰使いと関連する重要な運動構造で、基本や歩法等全ての動きはこの腰ガマク（体軸）に繋がり軸の使い分けに関連してくる。

　この臍ガマクの入れ抜き、腰ガマクの入れ抜きは連動して下半身からの力を増幅しチンクチに伝える。力がチンクチから拳へ抜ける当破（アティファ＝打撃の発力））はこの経路でないと威力はない。腰ガマクの入れ、臍ガマクの抜きはイリ（突き）のアティファに繋がり、臍ガマクの入れ、腰ガマクの抜きはスンジチ（寸突＝短打）のアティファに繋がっている。

　腰、臍のガマクの入れ抜きの動きは止まることなく動き、チンクチとの連動で突き、受け、蹴り、取手等全ての技に繋がっていて、このガマクをつくる鍛錬型が「三戦」ということになる。三戦はチンクチの項においても述べたが、剛柔流系の運動構造を錬るのに欠かせない鍛錬型であり、三戦の錬りが基本として重要視されるのはこの「チンクチ」「ガマク」を作ることと無関係ではない。

　「ガマクは」体軸、丹田を意味し空手の根本技術を支える、重要な運動構造である。

◆ムチミ

　ムチミも沖縄独特の言葉といえるのだが、その概念は必ずしも沖縄独特のものではなく、武術に共通した概念の様である。

　「ムチミ」の概念について述べて行くが「ムチミ」という概念はひとつではなく流派によりまた受け継ぎ方により考え方の違いがみられる。剛柔流では、と断りを入れて述べて行く。

　「ムチミ」とは粘りのことであり、また撓（しな）りのことである。剛柔流では型を錬る時の粘っこい動きの「ムチミ」、受け技の実践における粘りの「ムチミ」、打ち技の実践における撓りの「ムチミ」に区別される。

　型の錬りにおける「ムチミ」とは「餅」「身」を表していて、型を錬る場合の身体の動きを餅の様に粘っこい動きと、柔らかい動きの錬りこみを指している。剛柔流系の錬りは首里手の錬りとは異なり、突き、受け、蹴りの速さを目指さず身体の動きの粘っこさと、柔らかい力強さを錬るのが目標である。

　受け技の「ムチミ」とは受けた時、また受けた後餅のように相手にくっついて離れず、粘りの中から相手を崩し、攻め抑える技術を指し、日本の剣術や中国拳法にも同様の技術がみられる。剣術では馬庭念流「そくいつけ」宮本武蔵の二天一流「しゅうこうのみ」に同様の技術が見られ、また中国拳法にも「化勁」があり、「化勁」の粘の技術と「ムチミ」は同様の概念と思われる。

　打ち技における「ムチミ」は手首の関節、肘の関節、肩の関節を鞭のように柔らかく撓らせて使う技術のことを言い、相手の身体に巻きつくように打つ剛柔流独特の技術を指す。

　渡口師は「鞭」「身」の意味を具体的に「チンブクガタマインネーシ＝細竹が撓むように」「ビッティグァシスグレー＝撓なるように、撓なりが弾けるように打て」との言葉で指導された。

　「ムチミ」の錬りとは「陶工が土を捏ね錬るように、刀工が鋼を叩き、刀を鍛え上げるように、身体を鍛え、錬りあげなさい」（渡口師）と諭してくれた。

　土を捏（こ）ね練ることと、鋼を叩き鍛え上げることとは一見違うようであるが、実は同じことを指している。陶工が土を捏ねるのは捏ねりにより土から空気をぬき、焼き上げのひび割れを防ぐのが目的であり、刀工が鋼を叩き鍛え上げるのは空気と不純物を除き純粋の鋼を鍛え鋭い切れ味の刀を作り出すことにある。

　「ムチミ」の錬りとは基本、型の錬りあげから、無駄な動き、無駄な錬りを省き、空手に必要な筋肉のみを鍛え上げ、空手独特の動きを身につけ「チンクチ」「ガマク」を基として自在に動くことを指し、剛柔流では身につけた粘り、撓なりの動きが実践の動きに無意識に出るまで錬りこむことを指す。

◆その他の運動構造（口伝）

「ティジクンナギレー（拳を投げろ）」
　拳を投げるとはピッチャーが球を投げるように突くことを指す。初心者の間は棒で突くよう一本になり突くが、上級者の突きは脱力した状態から拳が飛び出るように、球が一気に飛び出るように突くようになる。この状態をティジクンナギーン（拳を投げる）という。（ガマクの入れ抜き、チンクチ瞬間的絞り）

「キリヒサナギレー（蹴り足を投げろ）」
　蹴り足を投げろも、拳を投げろと同じように脱力から一気に蹴りだす状態を指している。（ガマクの入れ抜き）

サンチン

[三戦]

サンチンの説明

　サンチン（三戦）は剛柔流の基本とされているが、何故に基本であるかは明らかにされていない、サンチンは基本としては呼吸法（気息の呑吐）筋肉の絞りが中心であり、剛柔流のすべての型の呼吸法と筋肉の絞りがここに集約している。その意味でこれを身につけなければ剛柔流の型は身につかないし、難儀しなければならない。

　またサンチンの鍛錬は初心者と上級者では目的が別になる。初心者においては呼吸法の基本と筋肉の絞りを身につけるが、上級者は絞りと脱力の関係、呼吸と精神構造との繋がりにおいて鍛錬しなければならない。即ち力の養成（チンクチ、ガマク、当破）、呼吸力の養成（フスガマク、丹田力）、精神力の養成（武才）と鍛錬の目的が深まって行くのがサンチンの基本的ゆえんである。

サンチンのポイント

1. 両手中段構え
2. 中段の引き、突き
3. 交差、回転、受け、突き
4. 両手引き、両手平貫手
5. 回し受け（巴受け、虎口）

 結び立ち
 用意
 中間動作
 第1挙動

 第5挙動
 第6挙動
 第7挙動
 中間動作

第2挙動　　　　第3挙動　　　　第4挙動　　　　中間動作

第8挙動　　　　第9挙動　　　　第10挙動　　　中間動作

| 第11挙動 | 第12挙動 | 第13挙動 | 中間動作 |

| 第17挙動 | 第18挙動 | 第19挙動 | 中間動作 |

 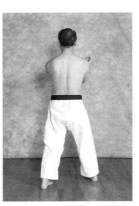 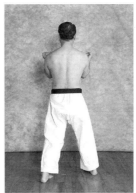 

| 第14挙動 | 第15挙動 | 第16挙動 | 中間動作 |

| 第20挙動 | 第21挙動 | 第22挙動 | 中間動作 |

 第23挙動
 第24挙動
 第25挙動
 中間動作

 第29挙動
 第30挙動
 第31挙動
 第32挙動

| 第26挙動 | 第27挙動 | 中間動作 | 第28挙動 |

| 第33挙動 | 第34挙動 | 中間動作 | 第35挙動 |

 第36挙動
 第37挙動
 第38挙動
 第39挙動

 第43挙動
 結び立ち

第40挙動　　　　　中間動作　　　　　第41挙動　　　　　第42挙動

第1挙動～第3挙動　両手中段構え

　「用意」の姿勢でゆっくり息を吸い（長呑）、第1挙動で息をゆっくり吐く（長吐）チンクチを締め、中間動作で息をゆっくり吸い、息を吐きながら両手中段構えになり、極まる瞬間短く鋭く息を吐き、丹田を絞りながらチンクチを締める。長呑長吐短吐の呼吸法である。下肢も内側に絞る。
　初心者は筋肉の締め（チンクチの絞り）、丹田の絞り（フスガマクの入れ）と呼吸の関係を意識しながら行い、上級者は筋肉の締め、脱力（力の剛柔）と呼吸（呼吸の剛柔）の関係を意識しながら行う。

第4挙動～第6挙動　中段の引き、突き、両手中段構え

　左手を引きながら息を吸い（長呑）、肩を下げチンクチを締め一瞬呼吸を溜め（耐）、ゆっくりと息を吐きながら（長吐）突きだしてゆく、極まる瞬間鋭く息を吐き（短吐）全身を締め一瞬呼吸を止める（耐）。息を吸いながら中段受けに戻り鋭く吐く。
　初心者は力の取り方を中心に脱力することなく力いっぱい引き、力いっぱい突かねばならないが、上級者は引く時に脱力し、瞬間チンクチを締め、丹田の絞りと下肢の締めで拳をゆっくり突きだしてゆく。前腕は脱力し拳は生卵が潰れない程度の力で握り突いて行き一気に締める。脱力から締めへの感覚を養ってゆく。
　同様の動きを前進しながら三度繰り返す。

第10挙動～13挙動　引き、交差、回転中段横受け、中段突き、中段構え

　この回転動作も初心者と上級者では動きも、呼吸も、筋肉の締めも変えなければならない
　初心者は左手の引きから右肘下に左手を出して、次に足を交差して回転から中段横受けにはいり、突きに結び付ける。上級者は左手の引きから体を落とし、左手の右肘下底突きと同時に交差猫足になり、回転から中段受けの体勢に入り、突きに結び付ける。
　回転中段受け、中段突きの筋肉の絞り方も異なる。初心者は回転動作後の中段受けで筋肉を絞りそのまま中段突きに入るが、上級者は脱力の回転から中段受けに入り、中段突きで筋肉を絞る。

第33挙動～34挙動　両手中段横受け、平貫手

　前挙動から瞬間的に鋭く息を吸いチンクチを締めながら横受けし、鋭く息を吐きながら手を返しチンクチを締め平貫手に入る、平貫手は肘を伸ばしきるのではなくやや肘を張る。この間息を止めることなく柔の呼吸を取る（短呑短吐の呼吸）。
　肩から水が自然に流れて行く形で平貫手を作り、足元からの絞りの力を指先まで伝える。この感覚を身につけてほしい。

第35挙動〜36挙動　両手引きとり、平貫手

　ゆっくりと息を吸いながら引きとり、引いたところでチンクチを締め、息を溜める（耐）、手を開き息を吐きながら手を返し平貫手に入り一瞬息を止める（耐）。
この動きを三度繰り返す。
　初めて耐柔（剛柔）の呼吸について書いたが、この言葉も渡口政吉の造語と聴いている。サンチンで自らを鍛え抜く場合、呼吸の入れ抜き、丹田（フスガマク）の入れ抜き、チンクチの入れ抜きに呼吸を溜め、吐き耐える呼吸の呑吐に耐の言葉を当てはめた。これに対して呼吸を溜めることなく、また吐き耐えることなく呑吐する呼吸を柔息と名づけた。いわゆる開手型の呼吸法は原則的に耐柔の呼吸で行われる。

第41挙動〜43挙動　回し受け(巴受け)、掌底押し

　息を吸いながら回し受けし（柔息）、息を吐きながら掌底でおしながらチンクチを締める（耐息）。

　これで三戦の解説を終える、本来三戦は第1巻に置いて解説すべき閉手型であるが技術の会得を目的とする開手型に対して基礎鍛錬を目的に構成されている三戦は分解を行わないまた三戦の技術の解釈は開手型に置いて既に述べた。
　今回三戦においては呼吸法と筋肉の締めを中心に書いてきた、サンチンの目的は技術的には基本呼吸法の会得、チンクチ、ガマク(丹田、体軸)の錬りが中心である。ただし、上級になればそれに加えて意、心、気の問題が加わって来る。
　意で基本、型の意味を理解し、心を錬り恐、疑、迷、侮の武の四戒を除き、気力を錬る。これが新たな目的になり、気力で心の迷いを除き、意で相手の体を抜けて行くこの感覚を練らなくては三戦を錬ったことにならない。

セーパイ

[十八手]

セーパイの分解、解裁

セーパイの型は東恩納寛量以前には行われてなく、以後の型として伝わっているが定かではない。渡口政吉師はこの型を得意として、演武のときはよくこの型を演武された。剛柔流の中でも特徴的な演武線を持つ型として知られ、いなし、捻り等の技術、また特徴のある足さばき、円の動きからの取手技法等、解裁（裏分解）すれば多くの技を生み出す事ができる優れた型である。

セーパイのポイント

1. 抑え受け、縦貫手
2. 回し掛け受け、肘逆捕り
3. 足払い、中高拳突き
4. 交差立ち（弁足立ち）回し打ち
5. 体捻り、中高拳打ち、裏打ち
6. 両手捕り、両手押え

結び立ち　　　　用意　　　　中間動作　　　　第1挙動

第6挙動　　　　第7挙動　　　　第8挙動　　　　第9挙動

第2挙動　　　　第3挙動　　　　第4挙動　　　　第5挙動

第10挙動　　　　第11挙動　　　　第12挙動　　　　第13挙動

第14挙動　　　　第15挙動　　　　第16挙動　　　　第17挙動

横　　　　横

第21挙動　　　　中間動作　　　　第22挙動　　　　第23挙動

第18挙動　　　　　中間動作　　　　　第19挙動　　　　　第20挙動

横

第24挙動　　　　　第25挙動　　　　　第26挙動　　　　　中間動作

| 第27挙動 | 中間動作 | 第28挙動 | 第29挙動 |

| 中間動作 | 第33挙動 | 中間動作 | 第34挙動 |

第30挙動　　　　第31挙動　　　　中間動作　　　　第32挙動

第35挙動　　　　中間動作　　　　第36挙動　　　　第37挙動

中間動作

第38挙動

第39挙動

第40挙動

第44挙動

中間動作

第45挙動

第46挙動

 第41挙動
 第42挙動
 中間動作
 第43挙動

 第47挙動
 第48挙動
 第49挙動
 第50挙動

中間動作　　　　第51挙動　　　　第52挙動　　　　結び立ち

裏分解 第1挙動～第4挙動　左抑え受けからの右縦貫手

　相手の左正拳突きを体捻りでいなして左手で抑え受けし、右縦貫手で相手の肋間部を突く。ただし、縦貫手で肋間部を突くことは難しい。正しくは縦貫手を「鶏口拳」に変えて肋骨を突く（写真1～3）と解釈され、このように分解しなくてはならない。貫手は必ずしも貫手ではない。型の中で、右手で半円を描く軌道（写真6～8）は、鶏口拳で下方に突く（写真4・5）軌道を認識させるためのものである。

【取手への展開】

　縦貫手を鶏口拳として解釈することは既刊の『古伝剛柔流拳法2』の鶴破の分解で述べた通りであり、受けが必ずしも受けではないこともすでに述べた。今回セーパイにおいては次の技とのつながりから、抑え受けを取り手に変化させることを理解していただきたい。胸を捉えられたとき、相手の手を上から抑え、体のいなしで相手の力をはずし同時に鶏口拳で肋骨を突く。抑え受けは取手への展開で重要であり、この捉えから「裏分解3（34ページ）」に展開されたい。

030

基本分解　　第5挙動〜第8挙動　　手首の切り返し

　一般的分解では自分の左手で右手を握り、返して外す技と解釈されることが多い（写真9〜11）。

裏分解　分解1　第5挙動〜第8挙動

写真12　写真13　写真14

写真15　写真16　写真17

強い力で捉えられた場合。　　右手を上に出し、それを握る。　　内から外へ崩す。

　相手が強力（ごうりき）の場合、一般的な分解では困難なときがある。捉えられた手首を簡単に解くには手を下からではなく上から握り、解き技に入る方が合理的である（写真12〜17）。

裏分解　分解２　第５挙動〜第８挙動

写真18　写真19　写真20　写真21

　同じく相手が強力の場合、捉えられた手首を解くには、捉えられた右手を上に持ち上げ、左手で相手の左手を極めながら体を崩し、沈身で相手を制す（写真18〜21）。

　要領は、次ページの拡大写真を参照（写真29〜32）。

裏分解　分解3　第5挙動〜第8挙動

写真29：相手に右手を捉えられた。
写真30：右手で相手の左手首を崩す。
写真31：左手で相手の左手首を捉える。
写真32：右手で相手の右手首を捉える。

　型における自分の手の掴みは、実際には相手の手を掴むことだということは、前著で既に何度も述べたが、セーパイの掴みも同様である。この場合、手首の崩し・手首の捉え・肘の逆技が重要（写真22〜28）。

　手首の崩し・手首の捉えまでは、前述の裏分解2と同じ（写真29〜33）。最後は相手の両手首を極め、両肘を交差させ、投げを打ち制する。

両手首を極める。

　このように制するには、あまりにも相手が強力の場合、手首の崩し・手首の捉え・肘の逆技に、沈身からの浮身を利用するとよい。四股立ちから三戦立ちに立ち上がると相手は簡単に崩れる。

裏分解　分解4　第1挙動～第8挙動

この裏分解は、第1挙動～第8挙動の連続技として紹介するものである（写真34～41）。

写真38　写真39　写真40　写真41

　自分の手を握るのは相手の手を捉えること。抑え受け鶏口拳突きからの取り手も同様で、手首の捉え方、型の通りの足の進め方が重要。
　左手で甲側から相手の左手を捕え、右手で掌側より捕える（写真42～44）。左足を進めながら手を返してゆく（写真36～37）と相手は崩れる。手首が粘り抵抗する場合（写真38）、右足を逆方向に進め、逆方向に手を返し崩す（写真39）。肩、手首を固め制する。当身で極め、もしくは固めに入る。

基本分解 　第８挙動〜第９挙動　肘撥ね当て

　この技も一般的に手首が粘り解きにくい相手の手を、自分で自分の手を取り、肘で撥ねるように外す技として解釈されている（写真45〜48）。正しい分解であるが、これも分解は一つでなく、肘を当てに使う、あるいは逆に使う等の変化がある。（外すだけならば、手の握りは下から握るのではなく上から握り肘を撥ねる方が簡単に外れる・前出）

裏分解　分解1　第8挙動～第9挙動

拡大　　　　　拡大

手首を両手で掴んできた相手の左手首を取り、脇腹を開き、肘を当てる。

裏分解　分解２　第８挙動〜第９挙動

写真58　写真59　写真60　写真61
写真64　写真65　写真66
拡大　拡大　拡大

写真62　写真63

あるいは同様に手首を両手で掴んできた相手の右手首を取り、持ち上げ、肘を当てる。

裏分解 分解1・2　第10挙動〜第12挙動　捻り肘引き上げ・体下段掌底、裏受け・手刀打ち

写真67

写真68

写真69

写真70

【裏分解1・掌底当て技法1】
　相手に右手を掴まれた場合、右手をそのまま引き上げ、体を開かせ下段に左の掌底を当てる（写真67〜68）。相手がどちらの手で掴んできても同じ（写真69〜70）。

写真71　写真72　写真73　写真74

写真75　写真76　写真77　写真78
拡大　拡大　拡大　拡大

【裏分解2・掌底当て技法2】
　右手を相手の左手で掴まれた場合、左手の手解きから相手の左肘を砕くように掌底を当てる（写真71〜74）。

裏分解 分解3　第10挙動〜第12挙動　　捻り肘引き上げ・体下段掌底、裏受け・手刀打ち

【掌底当て技法3】
　右手を相手の右手で掴まれた場合、右手の手解きから右手を制し、首筋へ掌底を当てる（写真79〜82）。

【手解き技法】
　左手で捉えられた場合、左拇指で合谷を抑え中指、薬指、小指の三指で小指丘を抑えて外す（写真83〜84）。
　右手で捉えられた場合も同様だが、自分の肘を外に開き、左拇指で合谷を抑え中指、薬指、小指の三指で小指丘を抑えて外す。

基本分解 第14挙動～第15挙動 肘当て、裏打ち

写真87

写真88

写真89

写真90

　この部分は後ろから抱えられた時の解きの技術として解釈されることが多い、分解としては正しいと思える、動きを理解して練り込むべし（写真87～90）。下記の「解き技法」を応用して解き、裏打ちから落として制する。

【手解き技法】
　抱えられた時の解きは肘を使わなければならない、肘の使い方を覚える。肘の使い方の基本はサイファ、セーユンチンにあり。
　解きの技法は、下半身の使い方に注意。蹴り足の引きを利用し、前屈立ちから、四股立ちに一気に転じて解く（立ち方の違いはあるがセーユンチンに同系の技がある）。

裏分解　第16挙動〜第20挙動　下段受け、中段受け、掛け取り

写真91　写真92　写真93　写真94

　この部分は中段受けから手首を取り、肘関節の逆を取る技術として伝わっている。しかし現実には肘関節の逆を取って制するのは困難である。
　相手の中段突きを受け、手首を取り、相手に振り打ち（回し打ち）をしながら、肘関節の逆を取る（写真91〜97）。渡口師の取り方は微妙に肘関節を外れており、経穴の天井付近を抑えていた（写真98〜99）。

写真95　写真96　写真97

写真98　拡大　写真99　拡大

045

裏分解　第21挙動〜第22挙動　反転しての金的掌底当て

写真100

写真101

写真102

写真103

写真104

写真105

　この部分は肘の逆取りを外されかかった時に相手を制する技法として伝わっている。分解そのものは正しいし、その通り動かなくてはならない。ただし、具体的に、明確に指導できる人は少ない。
　剛柔流の型の特徴でもあるのだが、この部分にはクルルンファとの関連がみられ、肘を外す裏の部分がクルルンファの抑え受け足刀蹴りの部分となっている。外された場合は、反転して金的に掌底を当てる（写真100〜105）。

腕を絡めながら反転していく流れ。

写真106

写真107

写真108

写真109

基本分解　　第23挙動〜第26挙動　払い受け掌底突き

　この部分は開掌による蹴りへの下段の払い受けと、中段突きに対する払い抑えと解釈されることが多い。間違いではないが渡口師は掌底を突きとして解釈されていた。同様の技術は太極拳にも見られる。
　渡口師は、足取りへの転換は次の技術に依るべしとの考えであられた。

基本分解　第24挙動〜第26挙動　下段裏掛け取り、中段手刀抑え。両手中高拳突き

写真110

写真111

写真112

写真113

写真114

写真115

写真116

写真117

写真118

写真119

　相手の前蹴りを裏掛けで取り、中段突きを手刀で抑え足を払い、体を宙に浮かせ、投げ落とす（写真111〜117）。この部分を身につけるには、膝の使い方をしっかりと身につけなければならない、相手を宙に浮かせるためには足払いで崩し、膝で持ち上げなければ相手は持ち上がらない。また上体も崩さなければならない。
　型では四股立ち中高拳両手下段で突いているが、実際には肘を固めての中高拳突き、膝を折り敷いて突き等に変化すべきである（写真118〜119）。
　この部分は投げの許されている組手競技においては有効に使用できるので習熟していただきたい。
　中高拳の握りは正しく覚えてほしい、本土の先生方の書籍には間違った握り方の記載が多く、学ぶときは注意しないといけない。

047

裏分解　第26挙動　両手中高拳突き

写真120

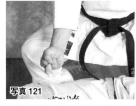
写真121

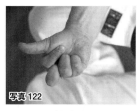
写真122

拡大1

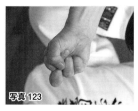
写真123

拡大2

　実際には体を落として片手で突く。中高拳に特徴があり、人差し指と薬指で中指が落ちないように固めている（写真120〜123）。

裏分解　第33挙動～第34挙動　猫足立ち中段横請け、回し打ち（振り打ち）

写真124

写真125

写真126

写真127

写真128

写真129

写真130

　この部分は中段突きを横受けし、こめかみに回し打ちを打つ技として伝わっている。受けが必ずしも受けでないことはすでに述べた、この部分の横受けを打ち技として、裏打ち、回し打ちの連続技としても不自然ではない。また、取手に対しての手解きからの回し打ちであってもかまわない（写真124～130）。

裏分解　第35挙動　交差立ち（弁足立ち）、横受け、回し打ち（振り打ち）
※注：沖縄では弁足立ちという言葉は無い。

　前挙動とは立ち方の違いのみで分解等に違いはない。ただこの飛び込み交差立ちの歩法は重要で、現実の闘いにおいても有効である。横打ちを裏拳横打ちに変化しての打撃。交差の歩法を手解きからの取手技に変化させる。

裏分解 第35挙動～第37挙動　掛け受け、捻り中高拳打ち、裏打ち

写真131

写真132

写真133

写真134

写真135

写真136

　この部分の分解は指定型においても古伝においても分解に違いがなく、型の通りの分解が行われる（写真131～134）。ただし、捻り中高拳打ちの部分で、指定型や剛柔流の一部会派においては中高拳ではなく、平拳の平打ちを用いている。ここでの中高拳は大いに有効であり、重要な技術（写真135～136）。

　捻り中高拳打ちの技法は、撃破や鶴破で分解した如く（撃破，鶴破では掌底、剛柔流拳法Ⅱ参照）、そのまま打撃に用いても自然であり、下腹部や鼠径部への打撃は非常に有効である。また捻りの技法は接近戦や取手の腰使いを覚えるのに有効な修練法の一つであり、型を練ることにより自然に身についてゆく。

050

裏分解 分解1　第38挙動～第41挙動　横受け、前蹴り、底突き

　通常は、型通りに横受けから、前蹴り、底突きと解釈し分解されているが、この通りの分解では間合いが近すぎ、膝蹴りはともかく、前蹴りはできない。受けが必ずしも受けでないことはすでに述べた。相手の突きを逆体の横受けで受け、相手の手首を掴み、前蹴りを返し、さらに底突きで突く（写真137～140）。

裏分解　分解2　第38挙動〜第41挙動　横受け、前蹴り、底突き

写真143

写真144

写真145

写真146

写真147

写真148

写真149

　中段横突きを手解きに変えて発想する。掴まれた手首を解き捉え、崩して蹴り、底突き、固めて制する。この方が自然な型の流れに沿うことになる（写真143〜149）。

基本分解　　第50挙動〜第52挙動　　交差立ち掌底挟み取り、諸手落とし、拳鎚打ち

写真150

写真151

写真152

写真153

写真154

写真155

　一般的に相手の連突きを捉え、肘を交差させて制する技として分解されている。いかにもできそうであるが、現実問題として難しい技法である（写真150〜155）。

写真156

写真157

写真158

写真159

　渡口師は琉球の文化を考えろと諭し、接近状態においての鬢と顎鬚を捉え制する技として分解指導された（写真156〜159）。

053

裏分解 分解1　第48挙動～第50挙動

　逆取り投げ、拳鎚。
　中段突きを挟みとり、逆を取り投げる（合気系の小手返し）。掌を抑えて拳鎚。
　足の引き方、掌底挟みの方向で技が決まる（写真160～163）。型における交差立ちの意味がここにある。交差の意味は引き足の歩行が自在であることを表している。

裏分解 分解2　第48挙動〜第50挙動

写真166

写真167

写真168

写真169

写真170

写真171

　逆取投げ、前蹴り。
　中段突きを掌底で挟みとり、逆を取り、抑え前蹴り。
　突きの捉え方を間違うと取れない、型が何を伝えているかを理解して錬り込まないとこの技は使えない（写真166〜171）。

裏分解　　固め技

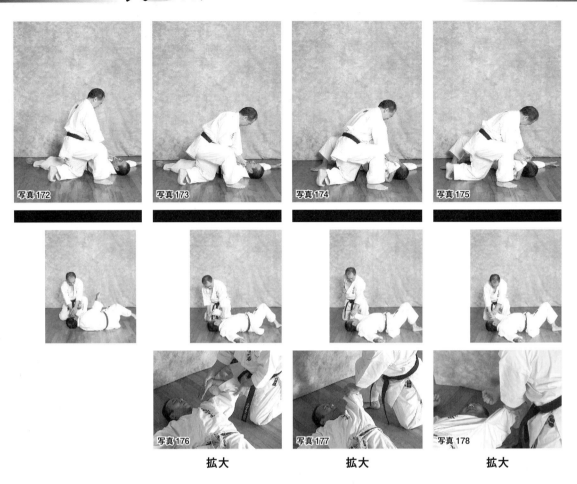

写真172　写真173　写真174　写真175
写真176　写真177　写真178
拡大　　拡大　　拡大

　ここまでの解説で、セーパイの項の解説を終わるが、最後に裏分解で使用する「固め技」をいくつか紹介する。
　上は、投げ技から腕をかた固め、突きを入れている（写真172〜178）。

裏分解　　固め技1・2

　腕を取り、固め動けないようにしている（写真179～182）。別な事例では、腕を固め足で押えている（写真183～185）。
　固め技のセオリーがあるというのではなく、固め技の稽古が進むと、その時の状況に応じて自然と適切な固め技が出てくるようになる。

　セーパイは師渡口政吉が最も好み演武された型で、著者も若いころはセーパイの円の動きと滑らかな型の流れに魅せられ稽古に打ちこんだ覚えがある。
今回の解説も既刊書のセーパイとは分解や技術の解説に違いがみられ、読者の皆様には戸惑うことと思われるが、熟読し、分解を試みてもらえばその価値は理解してもらえるものと思う。
また、手刀の角度は打ちの威力に関連する、角度による威力の差を理解し錬り込まれるように。

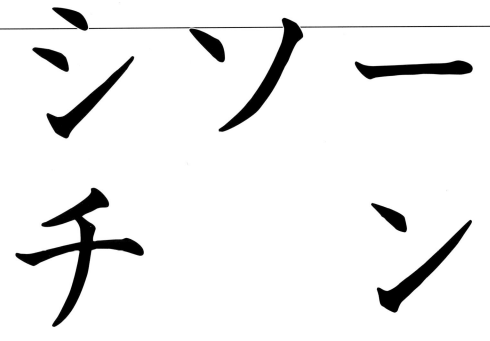

シソーチン

[四向戦]

シソーチンの分解、解裁

　シソーチンの型は交差法の縦貫手、取手による肘の勢法、手解きの技法を特徴とする型で、下半身の捻り，チンクチからの肘の勢法は強烈でありシソーチンの特徴である。また、縦貫手を鶏口拳に変えての交差法は裏技法として優れた技法で、これもシソーチンの特徴である。体捻りの技法は打撃、取手等の腰使いの基本であり、この技法を錬ることによりガマク、特に腰ガマクの養成につながる。
　晩年の宮城長順師はこの型を好み、よくこの型を錬っていたとのことも聞いている。

シソーチンのポイント

1. 縦貫手
2. 中段裏掛け、下段背手受け
3. 体捻り、縦肘抑え
4. 沈身、後方、肘、拳当て
5. 掌底抑え受け、掌底突き
6. 両手手解き

結び立ち

用意

中間動作

第1挙動

第5挙動

第6挙動

第7挙動

中間動作

 第2挙動
 第3挙動
 第4挙動
 中間動作

 第8挙動
 第9挙動
 第10挙動
 第11挙動

第12挙動　　　　　中間動作　　　　　第13挙動　　　　　中間動作

中間動作　　　　　中間動作　　　　　中間動作　　　　　第17挙動

| 第 14 挙動 | 第 15 挙動 | 中間動作 | 第 16 挙動 |

| 第 18 挙動 | 中間動作 | 中間動作 | 第 19 挙動 |

 中間動作  中間動作  第20挙動  中間動作

 第25挙動  第26挙動  第27挙動  第28挙動

第 21 挙動　　　　　第 22 挙動　　　　　第 23 挙動　　　　　第 24 挙動

第 29 挙動　　　　　第 30 挙動　　　　　第 31 挙動　　　　　第 32 挙動

第 33 挙動

第 34 挙動

第 35 挙動

第 36 挙動

第 41 挙動

第 42 挙動

第 43 挙動

第 37 挙動　　　　第 38 挙動　　　　第 39 挙動　　　　第 40 挙動

裏分解　分解1・2　第１挙動〜第７挙動　両手中段構え、縦貫手

写真1

写真2

写真3

写真4

写真5

写真6

写真7

【裏分解１】
　左中段突きを、右足を移動し左背手で受け流し、縦貫手を鶏口拳に変えて脇腹に中段突き（写真１〜３）。

【裏分解２】
　左中段突きを右背手で受け流し、左掌で右拳を抑え、右の縦貫手を鶏口拳（コーサー）にかえて脇腹に中段突き（写真４〜７）。
　基本分解２に関しては鶴破の項で解説したのでここでは述べない。（剛柔流拳法２参照）

鶏口拳（コーサー）の突き方
　鶏口拳は直突きと違って途中で軌道が変化する。これを学ぶには次の方法が学びやすいし錬りこみやすい。
　縦貫手を竹刀あるいは棒を利用し、それを越して下方向に軌道を変えて突く。

裏分解　分解3　第1挙動～第7挙動　両手中段構え、縦貫手

写真8

写真9

写真10

　中段への直突きに対し、鶏口拳で受けながら交差法で突き込むと相手の突きはこちらに当たらず、こちらの突きが当たる。
　中段の底突き（下突き）に対し鶏口拳で受けながら交差法で突き込むと相手の突きはこちらに当たらず、こちらの突きが当たる（写真8～10）。
　両手中段構えの動きを手解きとして使うことができる。手解きからはいずれの動きも取手技法に転換できる。
　縦貫手を手解きとして使用することができる。手解きから鶏口拳。捉えられた場合縦貫手の軌道で鶏口拳を打つ。

基本分解　第11挙動～第12挙動　捻り挙げ、拳鎚開き

写真11

写真12

写真13

写真14

写真15

　捉えられた時の手解きで、セーユンチンと同様の技になる（写真11～15）。詳細は剛柔流拳法2を参照。

069

裏分解 第13挙動 中段裏掛け、下段背手払い

　前蹴りに対して体を捻りながら背手での下段払い、また突きに対しての裏掛け受けと解釈されている（写真16〜18）。間違いではなく基本分解はこの様に分解しなければならないが、裏もある。
　裏分解は、背手受けから足を掛け取り、裏掛けから手首を捉えて、足を移動すると相手は倒れる。固めて当て身（写真19〜25）。

裏分解 第14挙動〜第15挙動　中段裏掛け、肘取り押さえ

　中段突きを裏掛けで取り、肘関節を抑える技（逆取り）として解説されている。正しい解説であり、その様に解釈するべきである（写真26〜30）。ただし肘関節を抑えるのではなく、天井の壺を抑えるべきで肘関節そのものだと剛力の人には掛からない。

　天井の抑え（逆取り）がズレ、抑えが肘関節にかかり抵抗された場合、体捻りを逆転させ、逆取り返し折敷いて投げ、抑える。固めて当て身（写真31〜36）。

　この部分はシソーチンの技術の根幹であり特徴でもある、いわゆる体捻りからの捻り返しで手首の逆を取り投げる。

基本分解　　第8挙動　沈身、後ろ肘当て、後ろ突き

写真 37

写真 38

写真 39

　この技法は後方からの捉えに対して体を沈めながら拳、肘で当てる技として解釈されている（写真 37 〜 39）。間違いではなくその様に解釈しなければならないが、大切なのは沈身（シジミ）の技法である。

　沈身の技法そのものは今まで公開した型にも何度も出てはいる、それは他の技法の必要技術としての技法であり、沈身の技術が中心ではなかった。シソーチンのこの部分は沈身の技法が中心であり、これを学ばねば意味がない。

裏分解　第8挙動　沈身、後ろ肘当て、後ろ突き

写真40

写真41

写真42

写真43

写真44

写真45

写真46

写真47

写真48

　沈身の技法で相手を投げる。後方からの掴みに対し一気に体を沈めると、タイミングによるが相手は目標を失って前に落ちる。さらに足を取り引き上げれば相手は簡単に倒れる（写真40～48）。

　またこの技法を成功させるためには下半身の脱力が必要になる、下半身を脱力して一気に体を沈めると相手は目標を失うことが多い。沈身の技法は打撃、取手等にも重要な技術であるので、しっかりと身につける必要がある。

073

基本分解　　　第19挙動〜第20挙動　掌底抑え受け、掌底突き

　この部分は中段突きを抑え受けし、掌底の上段突きを顔面に当てる技として分解される。
　蹴りに対しては、掌底抑えを払いに変え同様に掌底で突く。
　この一連の動作は基本的にはセイサンの技法と変わりはないが、セイサンが挙げ突きの軌道に対し、シソーチンが直突きの軌道を取る差が出てくる。この差が分解の差になる。

基本分解　　　第23挙動〜第25挙動　掛け受け、中段蹴り、縦肘当て

　通常中段突きを掛け受けし、前蹴り、肘当てと解釈されている。
　しかし既刊の剛柔流拳法1述べたとおり、現実には間合いが近すぎ型通りでは蹴りができない。
　剛柔流拳法1のように前足で蹴り、受け変えて肘当てをするべきである。

基本分解　　　第27挙動〜第29挙動　抑え受け、肘当て

　分解は前の肘当てと同様であるが、剛柔流拳法1，2でも述べたが肘当ては裏打ちに変化し、裏打ちは肘当てに変化する。シソーチンの肘当ても型には出てこないが当然指先を用いた裏打ち（弾指）に変化する。

基本分解　第31挙動〜第32挙動　両手中段裏掛け、両手中段後ろ突き

写真49

写真50

写真51

写真52

写真53

写真54

写真55

　通常両手を捉えられた時の手解きとして解釈されている。その通りでありその様に解釈しなければならないが、あくまでも基本分解である（写真49〜51）。

　また、強力に対しても相手の腕を持ち上げてから同様の技法を使えば簡単に手解きできる（写真52〜55）。

裏分解　分解1・2　第40挙動〜第41挙動　掌底掬い受け、掌底抑え受け

　この部分の分解は立ち方の違いがあれ、セイサンの分解において既に述べた（剛柔流拳法Ⅱ参照）、手技においては違いがないが立ち方の違いは足技の違いにつながる。この場合猫足立ちによる前蹴り（分解1／写真56〜60）、足刀下段蹴りが有効になる（分解2／写真61〜71）。

写真60

写真65

写真66

写真67

写真68

　これでシソーチンの項の解説を終わる、シソーチンは縦貫手と体捻りによる肘取り押さえを特徴とする型で、縦貫手を鶏口拳としての縦拳は途中で軌道の変わる突きで受けがたく交差法としての裏技法に特徴がある。肘取り押さえは体捻りと腰ガマクの連動による力の一瞬の集中による落とし、折敷きの技法が特徴でありセーユンチン、セイサン、クルルンファとの技術の繋がりがみられる。このことを理解して錬り込んで欲しい。

サンセールー

[三十六手]

サンセールーの分解、解裁

サンセールーはセイサン、スーパーリンペーと一連の流れを持つ型で、片側の型になっている。この様な型は反対側も稽古しなければならない。サンセールーは手解き、取手、脚取り等を特徴とする型で前蹴りからの縦肘当ては、撃砕の型の原型になった型でもある。この型が正確に伝わっているかどうか疑問ではあるが、渡口師にずいぶん鍛えられた型でもある。(許田重発系が正統との説あり)

サンセールーのポイント

1. 中段掛け取り、手解き
2. 手解き、脚とり
3. 両手中段抑え、二段蹴り
4. 前蹴り、肘当て、足刀蹴り
5. 足払い、下段突き
6. 上段掛け、中段裏掛け、両手突き
7. 両手弧受け

 結び立ち
 用意
 中間動作
 第1挙動

 第6挙動
 第7挙動
 第8挙動
 第9挙動

第2挙動　　　　　第3挙動　　　　　第4挙動　　　　　第5挙動

第10挙動　　　　　第11挙動　　　　　第12挙動　　　　　第13挙動

第14挙動

中間動作

第15挙動

第16挙動

第21挙動

第22挙動

第23挙動

第24挙動

第17挙動　　　　　第18挙動　　　　　第19挙動　　　　　第20挙動

第25挙動　　　　　第26挙動　　　　　中間動作　　　　　第27挙動

 第28挙動
 第29挙動
 第30挙動
 第31挙動

 中間動作
 第35挙動
 第36挙動
 第37挙動

第32挙動

第33挙動

第34挙動

中間動作

第38挙動

中間動作

第39挙動

第40挙動

第41挙動　　　　　第42挙動　　　　　第43挙動　　　　　第44挙動

第48挙動　　　　　第49挙動　　　　　中間動作　　　　　第50挙動

第45挙動　　　　　第46挙動　　　　　第47挙動　　　　　中間動作

中間動作　　　　　第51挙動　　　　　第52挙動　　　　　第53挙動

中間動作　　　　　中間動作　　　　　第54挙動　　　　　第55挙動

結び立ち

　第56挙動　　　　　　第57挙動　　　　　　第58挙動　　　　　　第59挙動

基本分解　　第1挙動〜3挙動　両手中段受け、逆突き（突き受け）

写真1　写真2　写真3

　突き受けの分解は撃破、セイサンの分解で述べた（剛柔流拳法2参照）、ここでは基本分解を述べる。

　相手の左突きを左手で中段横受けし、右中段突きと分解される（写真1〜3）。ただしこの分解は基本的な動きとしての技術を高めるためにある。現実にはこのようにはいかなく、危険性を伴うことは既に述べた（剛柔流拳法2参照）。

裏分解 第1挙動〜3挙動　両手中段受け、逆突き（突き受け）

写真4

写真5

写真6

写真7

写真8

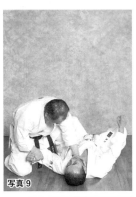
写真9

　打撃の裏分解。掛け受けの要領で相手の中段突きの腕を捉える、そのまま踏み込み、掌底で顎を捉え投げ征する（写真4〜9）。（舌骨攻め）

　この部分も取手に変化させると技が固定せず無限の変化を伴うことができる。右手を左手で掴まれた場合、中段横受けの動きで解き、掛け受けの要領で相手の手首を捉える、左手で右手の打撃を抑え右足を右斜めに踏み込み、掌底で顎を捉え投げ制する。受け技を手解きに解釈し取手に変化させることは既に述べた。

基本分解　第14挙動〜第16挙動　手解き、脚取り

写真10

写真11

写真12

写真13

写真14

　基本分解では、通常掴まれた手の手解きとして分解される。その通りであり、そのように分解しなければならない。

　しかし、手解きでただ外すのではなく、捉えながら外す（写真10〜14）。この捉えながら外してゆく技術が次の挙動の技術と繋がって一連の技になる。

裏分解 第14挙動〜第16挙動　手解き、脚取り

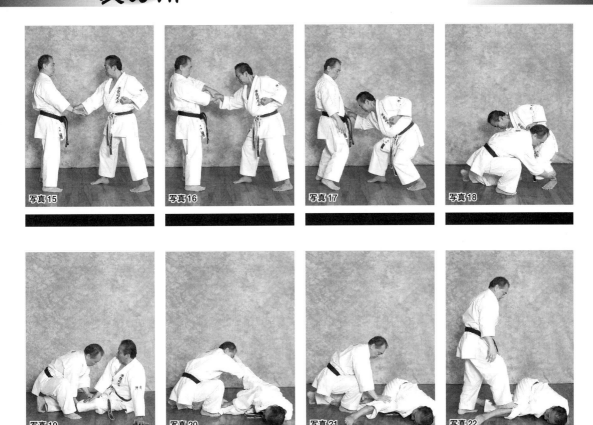

　基本分解では、通常あいての脚を取り、倒す技として分解される、その通りでそのように分解しなければならない。これは脚取りを基本的に覚えるための分解であり、そのままだと相手の蹴りが顔面に跳び、両手でも制する事はできない。
　手解きから脚取りへの動きを一連の技として錬り、固め技へ変化してゆけば次のようになる。脚とりはクルルンファーにも出てくるがこれも同様に反応する。
　13挙動〜16挙動で捉えた手を膝に合わせ、足首を捉えて倒す。反対側の脚を誘導し足底で膝、肘を抑え制する（写真15〜22）。

基本分解　　第17挙動〜第19挙動　両手抑え受け、二段蹴り

写真23

写真24

写真25

写真26

写真27

写真28

写真29

　通常あいての中段突きを両手で抑え受けし、二段蹴りで反撃する技法として解釈される（写真23〜26）。

　基礎的分解としてならばこれでも良いが、現実には相手が連突きの場合は対処できない場合が多い（写真27〜29）。

裏分解 第17挙動〜第19挙動　両手抑え受け、二段蹴り

写真30

写真31

写真32

写真33

写真34

　抑え受けの手で相手の手を取り、逆に返し抑え、二連前蹴りを返す。

　逆を取る時、取り方を間違えると反撃を受ける、手首を取りに行くのではなく誘導する、手首の誘導が重要になる（写真30〜34）。

　両手受けの技術はサンセールーとクルルンファーに出てくる、サンセールーが抑え受けでクルルンファーは交差挙げ受けになるが、どちらも取手の技術であり、取手に変化出来なければこの技術を練ったことにならない、しっかりと身につけてほしい。

基本分解　第35挙動〜第40挙動　縦肘当て、下段突き、足刀下段蹴り

写真35

写真36

写真37

　通常前蹴りから連動して、中段の縦肘当て、下段突き、膝関節への足刀下段蹴りとして分解される。この部分は下段突きの用法と足刀蹴りの用法が裏になるが足刀蹴りは撃破やセイサンで述べた。

　特別な裏技があるわけではないが下段突きの角度、当てる場所、当て方に注意しないと無効な場合がある（写真35〜37）。

裏分解　分解1　第35挙動〜第40挙動　縦肘当て、下段突き、足刀下段蹴り

写真38

写真39

写真40

　肋骨下部の当て身は底突きで斜め上への角度で突く方が有効であるが、相手の体勢によっては突き下げの方が有効な場合がある、サンセールーが教えているのはこのことである（写真38〜40）。

裏分解　分解2　第35挙動～第40挙動　縦肘当て、下段突き、足刀下段蹴り

写真41

写真42

写真43

写真44

写真45

写真46

写真47

写真48

写真49

　　下段足刀蹴りの用法として接近時は相手の脚を払い、崩してから膝関節を蹴る、この技はセイサンで解説した（写真41～49）。（剛柔流拳法2を参照）

裏分解　第46挙動～第47挙動

写真50

写真51

写真52

写真53

足を刈って相手を崩す技に応用することができる（写真50～53）。

裏分解 第48挙動

写真54

写真55

写真56

写真57

写真58

　胸を取られたその手を固め、後方に足を引いて四股立ちとなり固めると解釈できる（写真54〜58）。

裏分解　　第49挙動〜第50挙動

写真59

写真60

写真61

写真62

写真63

写真64

写真65

写真66

　通常上段の掛け受け、中段の裏掛け受けで受け、両手突きで返す技と解釈されるが、両手突きが両手突きでないことは既に述べた、(項柔流拳法1参照)この分解も掛け受けからの中段突きと裏掛け受けからの底突きを合成した技である。

【基本分解】
　通常は両手突きで解釈されている（写真59〜62）。
【裏分解】
　しかし、本来は上のように解釈するのが自然だ（写真63〜64／65〜66）。

101

裏分解　第54挙動〜第59挙動　四股立ち弧受け

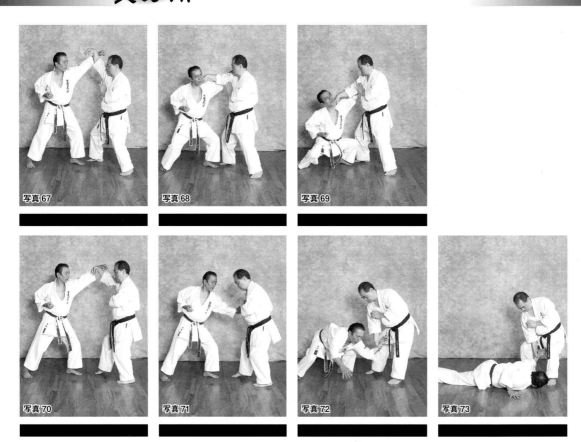

写真67　写真68　写真69
写真70　写真71　写真72　写真73

　この技は弧受けと言いながら受けに固定できない、受けであり、打撃であり、手解きである。すべての受けが手解きを含んでいるが、弧受けの場合は変化が大きく、上段、中段、下段とそれぞれに受け、手解き、打撃への変化を含んでいる。
　分解は裏、表と区別せず変化として分解し進めてゆく。

[裏分解（弧受けの変化）]

【上段弧受け】
受けから打撃（写真67〜69）。
受けから取手（写真70〜73）。
　その他、中段弧受けも上段同様受けから打撃に変化するし、中段弧受けも上段同様受けから取手に変化する事ができる。

裏分解　第54挙動〜第59挙動　四股立ち弧受け

写真74　写真75　写真76

【下段弧受け】
下段弧受けは受けというより打撃である、前蹴りにたいして三陰交を打ちながら受けると激しい痛みを与えることになる（写真74〜76）。

裏分解　第53挙動〜第59挙動　四股立ち弧受け

【手解き】
弧受けを手解きに使うことができる（写真77〜85）。

写真86　写真87　写真88　写真89

【打撃】
　この手解きの動きはただちに指先を使用した打撃に転嫁する（写真86〜89）。

　弧受けによる打撃、手解きは取手への変化が大きく、移行もスムースであるが、引き手の使用法を間違うと取手への変化はできない。引き手の使用法、引き手の位置等身につけられるよう。（手解きの場合母指の位置により手解きの効果が違うため、母指の正しい位置を身につけないといけない。母指を中手指節関節に置くと逆に耐えられる。）

　これでサンセールーの型と分解の解説を終える、サンセールーは型として同一の動きを繰り返す型で型として思ったより変化が少なく物足りない思いのする型であるが、分解すると多くの変化があるのでしっかり錬り込んでもらいたい型である。とくに肘当ての後の下段突きは接近時における正拳の使用法として重要かつ有効な技術であるのでしっかり身につけてほしい。

クルルンファー

［久留頓破］

クルルンファーの分解、解裁

クルルンファーは突き、蹴りのバランスに優れ空手道に必要な技術が盛り込まれた型である。体捻りにおいてセーパイやシソーチンと繋がり、くり受けはセーユンチン、脚取りはサンセールーと繋がるなど、多くの型との繋がりで構成されている型である。肘当てや手解き、逆、投げなどの技が含まれる型で、剛柔流の特徴でもあるが、空手の象徴である正拳突きの含まれていない型がセーパイ、シソーチンとこのクルルンファーである。上級者が好んで練る型でもある。

クルルンファーのポイント

1 くり受け、下段足刀蹴り

2 抑え受け、掬い受け、体捻り

3 抑え受け、弾指裏打ち

4 抑え受け、上げ突き

5 前腕流し受け、肘突き

6 開掌横受け、後ろ肘当て

7 鶴翼開き、肘絞り、後ろ頭突き

8 下段払い、上段交差受け、投げ

 結び立ち
 用意
 中間動作
 中間動作

 中間動作
 第4挙動
 第5挙動
 第6挙動

| 第1挙動 | 第2挙動 | 第3挙動 | 中間動作 |

| 第7挙動 | 中間動作 | 第8挙動 | 第9挙動 |

109

第10挙動　　　　　第11挙動　　　　　第12挙動　　　　　第13挙動

第17挙動　　　　　第18挙動　　　　　第19挙動　　　　　第20挙動

 第14挙動
 第15挙動
 中間動作
 第16挙動

 中間動作
 第21挙動
 中間動作
 第22挙動

| 第23挙動 | 第24挙動 | 第25挙動 | 第26挙動 |

| 第30挙動 | 第31挙動 | 第32挙動 | 中間動作 |

| 中間動作 | 第27挙動 | 第28挙動 | 第29挙動 |

| 第33挙動 | 第34挙動 | 第35挙動 | 中間動作 |

第 36 挙動　　第 37 挙動　　第 38 挙動　　第 39 挙動

第 44 挙動　　第 45 挙動　　第 46 挙動　　中間動作

第40挙動　　　　第41挙動　　　　第42挙動　　　　第43挙動

第47挙動　　　　第48挙動　　　　第49挙動　　　　第50挙動

第51挙動

第52挙動

第53挙動

第54挙動

結び立ち

中間動作　　　　　　第 55 挙動　　　　　　第 56 挙動　　　　　　第 57 挙動

基本分解　第1挙動～第3挙動　左くり受け、左足刀蹴り

写真1　写真2　写真3

　通常、中段突きを抑え受け、くり受けし、下段足刀で反撃する技術として分解される（写真1～3）。

裏分解 分解1 第1挙動～第3挙動 左くり受け、左足刀蹴り

120ページへ続く

裏分解 分解2　第1挙動～第3挙動　左くり受け、左足刀蹴り

写真16

写真17

写真18

写真19

写真20

写真21

【裏分解1】
　くり受けの技術は変化が大きく、受けとして固定できない。セーユンチンの分解でも述べたが（剛柔流拳法2参照）くり受けが当て技、崩し技、倒し技に変化することもある。
これは、くり受けの引き手を取手として用いる例（写真4～9）と、それを反対方向から見たところ（写真10～15）。

【裏分解2】
前の例とは逆の手で取手とし、肘を使い相手の突きの腕を固定し、下段足刀で反撃する（写真16～21）。

120

裏分解 分解3　第1拳動〜第3拳動　左くり受け、左足刀蹴り

　くり受けはシソーチンの縦肘抑え（肘取り）の裏の技でもある、肘抑えの技は完全にかかると返せないが、中途半端の場合はくり受けの裏の動きで返してゆく（写真22〜27）。（天井を抑えられると返せないが、肘関節は返せる）

基本分解　　第７挙動〜第８挙動　　右掬い、左下段抑え受け／体捻り右掌底打ち／掬い、抑え

写真 28

写真 29

写真 30

　通常左中段突きを右掬い受け、左抑え受けから左手相手の突きを引きこみ、右掌底で下段を打つ技として分解される（写真 28 〜 30）。

裏分解 分解1・2　第7挙動〜第8挙動　右掬い、左下段抑え受け／体捻り右掌底打ち／掬い、抑え

【裏分解1】
この分解も基本を錬る分解であり、実際の場合は打撃に変化して分解される（写真31〜36）。

【裏分解2（取手）】
あるいは取手として分解される（写真37〜40）。

裏分解 第15挙動〜第16挙動　　右抑え受け、左弾指裏打ち／抑え受け、上げ突き

写真41

写真42

写真43

　第15挙動は、一般的に裏受けと解釈されている。裏受けの分解は撃破で述べた。（剛柔流拳法2参照）

　裏受けと解釈されている部分であるが、戦前系の先生方の多くがこの指先による裏打ちの技法として用いている。弾指打ちの引き手は、いつでも取手に入れる位置に置く（写真41〜43）。

裏分解 第17挙動〜第18挙動 抑え受け、上げ突き

写真44

写真45

【基本分解】
　抑え受け、上げ突き（写真44〜45）。

写真46

写真47

写真48

写真49

写真50

写真51

写真52

　特別な分解は無いが上げ突きの使い方、引き手の使い方に裏の技が隠れている。上げ突きは顎を狙うのではなく胸元を滑らして顎に当てること。この技術は単純であるが実用性が高く短期間の稽古で身に付く。ルールによっては反則になる技であるが身に付けてほしい技である。この部分は次の動きと密接に関連している。
　引き手はいつでも取手に入れる位置においておき、当て身の後、取手に入り投げから固める（写真46〜52）。

125

基本分解　　第19挙動〜第20挙動　前蹴り、開掌縦肘当て

　蹴りからの肘当ては立ち方の違いはあれ撃砕その他の型で解釈してきた（剛柔流拳法1，2参照）、此処では基礎分解のみを記す。ただしこの部分は前の動きとの関連で説かないといけない。

　抑え受け、上げ突きの体勢から前足で前蹴りし肘当てをする（写真53〜56）。
　逆方向から見たところ（写真57〜60）。

　この部分の分解は、一連の流れの中で解釈する場合と、単独の動きでの解釈が同時に存在する。型を解釈するうえで大切なことは、一連の動きを一つの連続技しての分解する場合と、一つ一つを別の技として分解する場合との両方があることを理解しないといけない。当然のことであるが次の動きとも繋がっている。

裏分解　第21挙動　前腕流し受け、肘突き

写真61

写真62

写真63

写真64

写真65

写真66

　この部分の型や、分解は会派によって大きな違いがある、ただしそれが裏と表を逆にやりあっているだけで根本の考え方が異なっている訳ではない。

　抑え受けから相手の手を取り、受けながら引き流し中段（肋骨）に肘で突き、型では猫足になっているが実際には相手との間合い、立ち方により変化してゆく、四股立ちになることが多い。肘打ちの体勢から、ただちに取手に入り相手を征する（写真61～66）。

裏分解　第32挙動〜第34挙動　開掌中段横受け、交差立ち、後ろ肘当て

写真67

写真68

写真69

写真70

　特別な分解があるのではなく通常のように中段横受けで受け反転で肘を当てる技として分解される。

　しかしこのまま動きだと反転の段階で反撃を受けることになる、これを防ぐには横受けの中間動作の引き手で受け崩し、受け手で手首を取り、崩さないと肘当ては打てない（写真67〜70）。

裏分解 第38挙動〜第39挙動　抱え外し、肘跳ねあげ、鶴翼開き

写真71

写真72

写真73

写真74

写真75

　この部分は相手に抱えられた場合の外し方の一つで同系の動きは、セーユンチン、セーパイにも見られる、クルルンファーの場合は次挙動との兼ね合いから一見別の動きに見えている。セーユンチンあるいはセーパイとの比較をして欲しい（写真71〜75）。

裏分解 第39挙動〜第44挙動　はがい締め外し、頭突き　両手掌底抑え、下段払い（掌底後方当て）

写真76　写真77　写真78　写真79
写真80　写真81　写真82　写真83
写真84　写真85　写真86

　通常、はがい締めを外す技として伝わっている。はがい締めは、かかってからはなかなか外れない。かかる直前に外し、頭突きをかける方が合理的。
　かかってからは、腕を外すのではなく指を外してゆく。はがい締めをはずし、足を横に移動し後方下段に掌底を当てる（写真76〜83）。正面から（写真84〜86）。

130

裏分解 分解1　第45挙動〜第48挙動　上段交差受け、投げ

写真87

写真88

写真89

写真90

写真91

写真92

　掌底抑え、下段払い（掌底当て）の技法であるがこの型の場合は前挙動、次挙動によって払い、当てと違う動きに変わる。

　蹴りの抑えから＝前蹴りを掌底で抑え、蹴り足の方向を変えるように払い、上段の交差受け（取り）につなげる（写真87〜89）。逆方向から（写真90〜92）

　型においては一方向の動きであるが、左右を稽古する必要がある。

裏分解 分解2　第45挙動〜第48挙動　上段交差受け、投げ

　一般的に上段突きを交差受けで受け、崩して投げ、固める技法として知られている。

【裏分解1】
　状況と相手により、受け・崩し・投げは様々に変化する（写真93〜98）。逆方向から（写真99〜104）

裏分解 分解3　第45挙動〜第48挙動　上段交差受け、投げ

写真105

写真106

写真107

写真108

写真109

写真110

変化は色々ある（写真105〜110）。

裏分解 分解4　第45挙動～第48挙動　上段交差受け、投げ

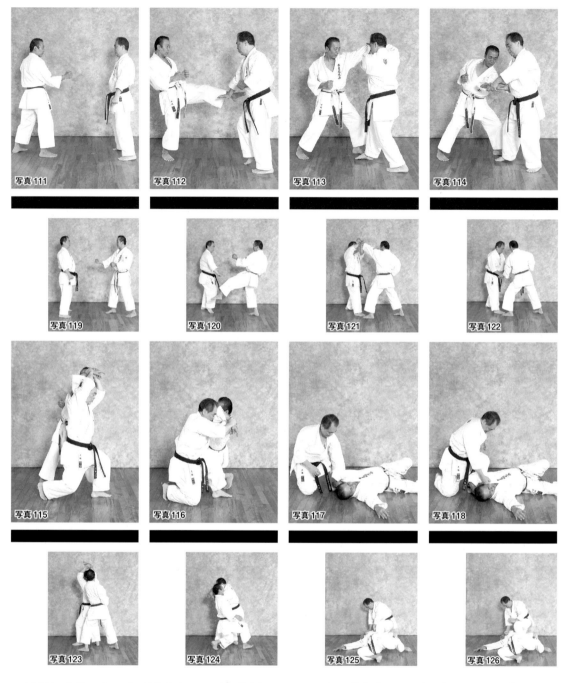

状況に応じて色々と変化をしていく（写真111～118）。逆方向から（写真119～126）。

　この技法は左右の動きが出来なくてはならず、あいての突きも左右を想定して稽古しなければならない。左右の動きが出来れば、合気系の四方投げの技法に結び着く。

裏分解　第49挙動〜第50挙動　脚取り崩し（左右）

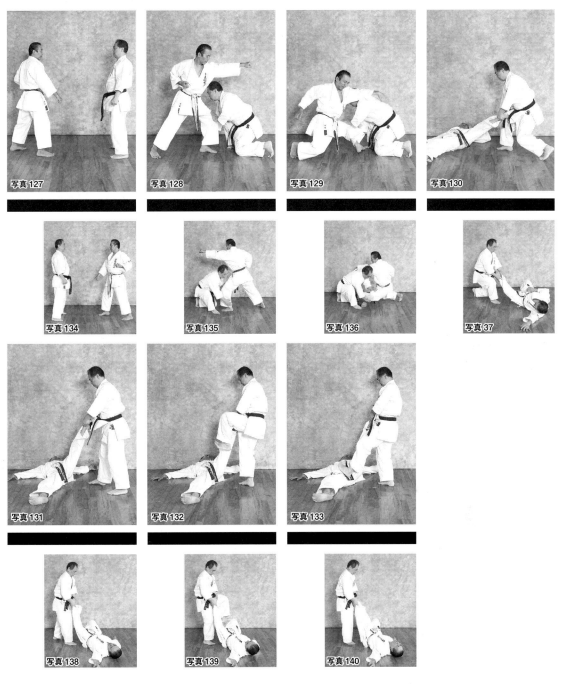

　サンセールーと同じく脚取りで倒してゆく技術である。

　この部分の分解はサンセールーで解説した、クルルンファーでは足とりの危険性を述べたい（写真127〜133）。逆方向から（写真134〜140）。
脚取りは有効な技術であるが使い方を間違うと自滅する。サイファーの下段拳鎚が脚取りに対する反撃になる。（剛柔流拳法1参照）
　剛柔流系の型の特徴でもあるが、型の動きが他の型の裏になっていることが多い、このことを注意して錬らないと型の錬りにならない、型の特徴を理解し錬っていただきたい。

135

基本分解　　　第61挙動〜第62挙動　回し受け（巴受け）

　回し受けは既に解説済みであるので、この章では繰り返さない、既刊の剛柔流拳法1、2を参照していただきたい。

　これでクルルンファの解説を終える、クルルンファーは上級者が好んで演武し、錬る型として知られているが、実用的な技が多く習熟していただきたい型でもある。
型の特徴としてそのままでは意味不明な技も多く分解、裏分解が解からないと理解できないことが多い、先達の解釈等を参照して自らの境地に至っていただきたい。

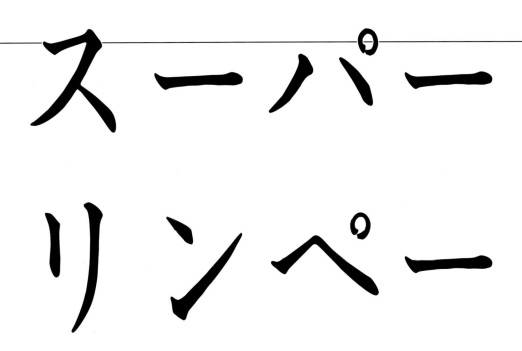

スーパーリンペー

[壱百零八]

スーパーリンペーの分解、解裁

スーパーリンペー（壱百零八）の型は剛柔流最高の型として知られているが、何が最高なのかと問われると答えに窮する。スーパーリンペーには独特の動きもあるが大半は既出の型の焼き直しであり、必ずしも他の型より特別高度とはいえない。では何故最高の型として伝わっているかといえば、此処まで学んだ事が大切ということである。スーパーリンペーはセーサン、セーユンチン、サンセールー等の型と深いかかわりをもって出来あがっている型である。

スーパーリンペーのポイント

1. 鶴翼の開き
2. 交差下段突き
3. 掌底下段突き
4. 足底蹴り
5. 二段蹴り

 結び立ち
 用意
 中間動作
 第1挙動

 第5挙動
 第6挙動
 第7挙動
 中間動作

第2挙動　　　　　第3挙動　　　　　第4挙動　　　　　中間動作

第8挙動　　　　　第9挙動　　　　　第10挙動　　　　中間動作

141

第11挙動　　　中間動作　　　第12挙動　　　第13挙動

第17挙動　　　第18挙動　　　第19挙動　　　第20挙動

中間動作

第14挙動

第15挙動

第16挙動

第21挙動

第22挙動

第23挙動

第24挙動

143

 第25挙動
 第26挙動
 第27挙動
 第28挙動

 第32挙動
 第33挙動
 第34挙動
 第35挙動

 中間動作
 第29挙動
 第30挙動
 第31挙動

 第36挙動
 第37挙動
 中間動作
 第38挙動

第 39 挙動

第 40 挙動

第 41 挙動

第 42 挙動

第 46 挙動

第 47 挙動

中間動作

第 48 挙動

第43挙動　　　　第44挙動　　　　第45挙動　　　　中間動作

第49挙動　　　　第50挙動　　　　第51挙動　　　　第52挙動

 中間動作
 中間動作
 第53挙動
 第54挙動

 第58挙動
 第59挙動
 第60挙動
 第61挙動

第55挙動

第56挙動

中間動作

第57挙動

中間動作

第62挙動

第63挙動

第64挙動

 第65挙動
 第66挙動
 中間動作
 第67挙動

 第72挙動
 中間動作
 第73挙動
 第74挙動

第68挙動　　　　　第69挙動　　　　　第70挙動　　　　　第71挙動

第75挙動　　　　　第76挙動　　　　　第77挙動　　　　　第78挙動

151

第79挙動

第80挙動

第81挙動

第82挙動

第87挙動

第88挙動

第89挙動

中間動作

| 第83挙動 | 第84挙動 | 第85挙動 | 第86挙動 |

| 第90挙動 | 第91挙動 | 第92挙動 | 中間動作 |

153

| 第93挙動 | 中間動作 | 第94挙動 | 中間動作 |

| 第99挙動 | 第100挙動 | 第101挙動 | 第102挙動 |

 第95挙動
 第96挙動
 第97挙動
 第98挙動

 第103挙動
 第104挙動
 第105挙動
第106挙動

155

第107挙動　　　第108挙動　　　第109挙動　　　第110挙動

第115挙動　　　第116挙動　　　第117挙動　　　第118挙動

第111挙動　　　第112挙動　　　第113挙動　　　第114挙動

第119挙動　　　第120挙動　　　中間動作　　　第121挙動

 第122挙動
 第123挙動
 中間動作
 第124挙動

 第129挙動
 第130挙動
 第131挙動
 第132挙動

第125挙動

第126挙動

第127挙動

第128挙動

第133挙動

第134挙動

第135挙動

第136挙動

第137挙動　　　　　第138挙動　　　　　結び立ち

基本分解　　第1挙動～9挙動　両手中段構え、中段突き

　この部分は既に述べた、スーパーリンペーでは基本分解に留める。
　スーパーリンペーのこの部分は既刊の剛柔流拳法2の撃破、セーサンの項で述べたこれを参照されたい。

基本分解　　第10挙動～11挙動　両手捻り引き、鶴翼の開き

写真1　写真2　写真3　写真4

　この部分はスーパーリンペー独特の技術であり、セーユンチンとの繋がりで構成されていて、通常両手を捉えられたときの手解きとして解釈されている。手解きから、頭突き、または膝蹴りとして解釈されることが多い（写真1～4）。

裏分解 分解1　第10挙動〜11挙動　両手捻り引き、鶴翼の開き

写真5　写真6　写真7　写真8
写真9　写真10　写真11　写真12

　手解きのこの部分はセーユンチンの両手挙げの分解と同様な解釈がなされるが、立ち方や繋なぎの技に違いがみられる。

　正面からの頭突きや膝蹴りは、相手も同様の技で攻めてくる（写真5〜8）。そこで、歩法と組み合わせての体捌きを入れ込み横にずれることで相手の攻撃を回避しながらこちらの攻撃ができる（写真9〜12）。

裏分解 分解2 第10挙動〜11挙動 両手捻り引き、鶴翼の開き

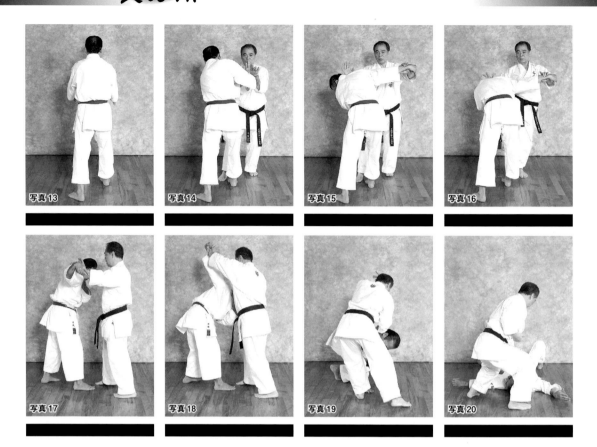

　体捌き、相手に手刀を打ち投げへ転じる（写真13〜20）。手解きで首を掛けるとき注意しなければならないことは、縦手刀で首を打ちそれから投げに繋げることである。

基本分解　　第12挙動〜13挙動　回し受け（巴受け）、掌底突き

写真21　写真22　写真23　写真24

　この部分の分解は一般的に、連突きに対しての受け技として分解される（写真21〜24）。

165

裏分解 分解1　第12挙動〜13挙動　回し受け（巴受け）、掌底突き

写真25

写真26

写真27

写真28

写真29

　現実的にはこの動きで連突きを受けるには無理がある、斜めへの転身からの技であれば考えられなくもないが、正面への動きでは無理である。ところが手解きからの取手への展開であれば無理なく分解できる（写真25〜29）。

裏分解 分解2　第12挙動〜13挙動　回し受け（巴受け）、掌底突

写真30

写真31

写真32

写真33

写真34

　手解きからの相手の手を極め、相手を動けなくして顎を打ち上げる（写真30〜34）。

裏分解 第16挙動〜18挙動 掬い受け、掛け受け、平貫手

　通常は掬い受け、掛け受け、からの抜き手と理解されているが、この部分はセーユンチンにおいて分解した、(剛柔流拳法2を参照) 受け技の引き手の使い方に意味あり。

　この技術は、受け手は取手に、平貫手は平拳に変化するべきである。掬い受けから取手、抜き手 (写真35〜38)。逆方向から (写真39〜42)。

　同じく、掛け受けから取手、抜き手 (写真43〜46)。

基本分解　　第46挙動～第47挙動　猫足回し受け

写真47

写真48

写真49

　この部分の分解は既に述べた、既刊の剛柔流拳法1、2を参照してほしい。

　猫足からの回し受けは、相手の中段突きを回し受けし、掌低で上段下段を突く技術として理解されている（写真47～49）。

裏分解　分解１・２　第46挙動〜第47挙動

写真50

写真51

写真52

写真53

写真54

写真55

写真56

写真57

写真58

【裏分解１】
　ただし、引き足は斜めへの引き足でないと、あいての攻撃に対処できない。また裏受けの部分を手解きとして使用する等を意識において稽古されたい（写真50〜54）。

【裏分解２】
　また、手解きとしてこのようにも分解できる（写真55〜58）。

裏分解　第54～56挙動　両手突き、下段抑え、下段突き

写真 59

写真 60

写真 61

写真 62

　この部分の突きは撃砕やサンセールーの分解と同じであり（剛柔流拳法1、2参照）、回転動作からの突きが足さばきからの動きを表している。

　相手の中段突きを下段受けするが、下段抑え自体が攻撃を秘めている。下段を抑えながら平拳で脇腹に当て、中段を突くように下段を突くと、突きの軌道が変化するため受けられない。さらにもう一方の拳で突く（写真59～62）。

裏分解　第76挙動〜第79挙動　裏掛け　手刀抑え　掌底突き　両手拳鎚

　この部分の技術は戦前系と戦後系で大きく異なる、戦前系は裏掛けから手刀で抑え、掌底で当てるが、戦後系では鶏口拳の受け突きに変化している。分解の差に繋がってくる。

　相手の右中段突きを左裏掛けし、右肩で胸に当て、手首を手刀で抑え、右肘で相手の肘を極め掌底で下腹部に当てる。右掌で金的を握りそのまま膝を折敷くと、肘の極まった相手は前に落ちて行く。肘と金を極めたまま固める（写真63〜69）。逆方向から見る（写真70〜76）。

裏分解　第99挙動〜第103挙動

　打ち技が相手に捉えられた時は、それを解き、肘打ちの要領から掌底打ちに入る（写真77〜82）。逆方向から見る（写真83〜88）。

　この一連の技術は渡口系の上級弟子であれば常識であるが、一般の門下生ではレベルにより身に着けた物が違い、必ずしも一つではない。

基本分解　第121挙動〜第122挙動　裏掛け受け、足底蹴り

写真89

写真90

写真91

写真92

写真93

　相手の左の突きを受け、その手首を絡め取り、固め、相手の肘を足底で抑え征する（写真89〜93）。

裏分解　第121挙動〜第122挙動　裏掛け受け、足底蹴り

　これを手解きに応用する。捉えられた手首を解き、逆に捉え、足底で相手の肘を抑え征し、くずして固め技に入る（写真94〜100）。

裏分解 第124挙動〜第126挙動　掛け受け、二段蹴り

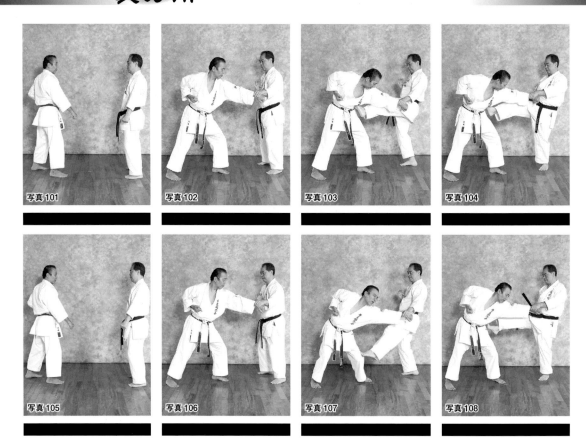

写真101　写真102　写真103　写真104
写真105　写真106　写真107　写真108

【基本分解】
　相手の中段突きに対して掛け受けし、左右で中段を二段蹴りすると解釈されている（写真101〜100）。

【裏分解】
　相手の中段突きに対して掛け受けし、左足で相手の膝頭を蹴り、右足で中段を蹴りあげる技として分解されるのが正しい（写真105〜108）。

　これでスーパーリンペーの解説をおえる。スーパーリンペーはある部分はセーサンであり、ある部分はサンセールーでありと多くの型の集大成の感がある型であるが、その分錬りやすい型ともいえるが、やはり難しい型である。とはいえ、剛柔流集大成の型であるのでしっかりと錬り込んで欲しい型である。ただ老婆心であるがそれまでの型を錬り込まないと集大成とは言えないので、それ以外の型をしっかりと錬り込んでから学ぶことを勧める。

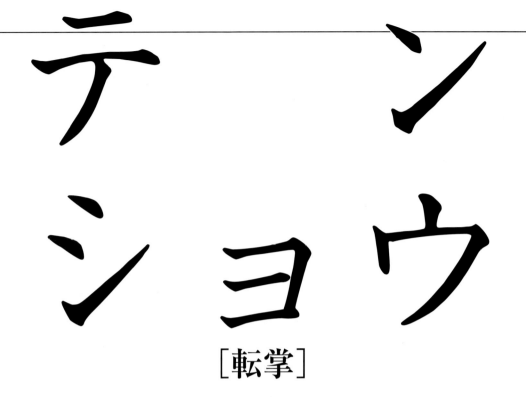

テンショウ
[転掌]

テンショウの説明

　テンショウ（転掌）の型は、サンチン（三戦）と並び基礎鍛錬の閉手型であるが、サンチンの型に比べて呼吸法に違いがみられ、より高度な呼吸法になっている。また転掌の名の通り開掌での手法鍛錬の型であり、開掌の手技が呼吸法と共に学べるように組み会わされている。
　渡口師は初心者や中級者にはサンチンを中心に、上級者にはテンショウを中心に指導された。
　テンショウは宮城長順師の創作になる型である。原型には福州白鶴拳の六機手の技術が基本になっているようであるが、宮城師の創作により独創的になっている。

テンショウのポイント

1. 中段掛け
2. 中段内掛け、引き
3. 還し、掌底突き
4. 還し、弧受け
5. 還し、手刀抑え
6. 還し、掌底突き

 結び立ち
 用意
 中間動作
 第1挙動

 第5挙動
 第6挙動
 第7挙動
 第8挙動

| 第2挙動 | 第3挙動 | 第4挙動 | 中間動作 |

| 中間動作 | 第9挙動 | 第10挙動 | 第11挙動 |

 第12挙動  第13挙動  第14挙動  第15挙動

 第20挙動  第21挙動  第22挙動  第23挙動

 第16挙動
 第17挙動
 第18挙動
 第19挙動

 第24挙動
 第25挙動
 第26挙動
 中間動作

第 27 挙動　　　　第 28 挙動　　　　第 29 挙動　　　　第 30 挙動

第 35 挙動　　　　第 36 挙動　　　　第 37 挙動　　　　第 38 挙動

 第31挙動
 第32挙動
 第33挙動
 第34挙動

 第39挙動
 第40挙動
 第41挙動
 第42挙動

中間動作

第 43 挙動

第 44 挙動

第 45 挙動

第 50 挙動

第 51 挙動

第 52 挙動

第 53 挙動

第46挙動

第47挙動

第48挙動

第49挙動

第54挙動

第55挙動

第56挙動

第57挙動

第58挙動　　　　第59挙動　　　　中間動作　　　　第60挙動

中間動作　　　　第64挙動　　　　中間動作　　　　第65挙動

 第61挙動
 中間動作
 第62挙動
 第63挙動

 第66挙動
 第67挙動
 中間動作
 第68挙動

第69挙動　　　　　第70挙動　　　　　第71挙動　　　　　第72挙動

第73挙動　　　　　結び立ち

第1挙動～第10挙動　サンチンの移動

　この部分はサンチンにおいて述べた、呼吸法・チンクチ・ガマク等サンチンと同じであるのでテンショウでは省略する。サンチンの項を参照してほしい。

　テンショウは会派において大きな違いがみられる、その理由を述べると宮城長順先生はこの型の創作に御苦労され戦前、戦中、戦後それぞれの時代違う形で指導されたと聞いている。剛柔流のテンショウの型の違いはその時代を反映する動きでもある。

第11挙動～第14挙動　中段横受け、掛け、内掛け、引き

　掛けの段階で短く鋭く息を吸いチンクチを締める、内掛けから引きでゆったりと長く息を吸う、短吸、長吸の呼吸である。この吸気は次の動作に引き継いでゆく。

第15挙動～第16挙動　還し、掌底突き

　13～14挙動の引きの動作の流れで息を吸いながら手首を還し、ゆっくりと息を吐きながら掌底で突き極まる瞬間鋭く息を吐きチンクチを締める。手首の還しは手首を下に折り曲げ回転させて胸元で掌底を作り、其処からゆっくり突く、突きながらの掌底の還しは他の技術に繋がらないので注意が必要。長呑、長吐、短吐の呼吸、この呼気は次挙動に繋がる。

第17挙動～第19挙動　還し、引き掌底突き

　掌底突きの位置から息を吸いながら手首を還し引いてゆく、肋骨の位置に引いてゆっくりと息を吐きながら掌底でななめ下に突き下げて行く。極まる瞬間鋭く息を吐きチンクチを締める。長呑、長吐、短吐の呼吸

第20挙動～第23挙動　還し、弧受け、手刀抑え

　手首を還し、弧拳を作りゆっくりと息を吸いながら弧受けに入る、弧受けが決まる瞬間鋭く息を吸い弧拳を絞りチンクチを締める。手首を還し手刀を作り息を吐きながらゆっくり手刀で抑えてゆき、極まる瞬間鋭く息を吐きチンクチを絞る。長呑、短呑、長吐、短吐の呼吸である

　渡口師はこの部分の呼吸法について、初心者の段階ではゆっくりと長く息を吸いその流れで弧受け入る事を指導され、上級者になってから鋭く吸って極めることを教えた。この呼吸法が出来ると吸いながら打撃を打つことが出来るようになる。

第24挙動～第26挙動　還し、弧受け、還し、掌底抑え

　手首を還し、弧拳を作りゆっくり息を吸いながら弧受けに入る、弧受けが極まる瞬間鋭く息を吸い弧拳を絞りチンクチを締める。手首を還しゆっくり息を吐きながら掌底で内側に抑えて行き、極まる瞬間鋭く息を吐きながら掌底を突きだしチンクチを締める。
長呑、短呑、長吐、短吐の呼吸法である。
　渡口師はこの部分も前段同様初心者と上級者では指導法が異なった。呼吸法も弧拳の部分は前段と同様に指導され、掌底の抑えも初心者には抑えのみを指導しレベルが上がってから突きだすことを教えた。

第43挙動～第44挙動

　下げ、両手中段横受けにとる、極まる瞬間鋭く息を吸う、両手を還し中段平貫手を出す、極まる瞬間鋭く息を吐く。短呑、短吐の呼吸法である。

第59挙動～第60挙動

　この部分は足を出す動き、引く動きの違いこそあれ、セイサンと同様の動きである。サンチンやテンショウは分解するものではないが、開手型の同様の動きは分解する。

　これでテンショウの解説を終える、テンショウはサンチンと並び基礎修練の閉手型であるが呼吸法に大きな違いがみられ、特に開掌の部分の呼吸は止めることなく、流れるように息を繋げ、動きも止まることなく繋げてゆかなければならない。耐息の呼吸ではなく、柔息の呼吸で行わなければならないと、渡口師は指導された。テンショウやヤファッテーングァサントーナランドー（転掌は柔らかくしないといけないよ）
　著者もこの教えに元づいて指導している。

あとがき

　剛柔流拳法シリーズも最終章を迎えた、剛柔流の型の分解、裏分解（解載）の発刊を企画して取り組んだ訳であるが、当初の企画は分解、裏分解を紹介する目的で書き始めた、しかし書き出して行くうちに、当初の企画よりも踏み込んだ内容の書籍でなければならないのではと思い全面的に書き直し、第一巻が発刊された。

　本来は書籍のみの出版予定であり第一巻、第二巻で一冊の書籍の心算でいたのだが、書籍、ＤＶＤの組み合わせが望ましいのではとの、チャンプさんとの話し合いの中で二冊に分けての編集と決定した。

　ＤＶＤと組み合わせての販売との企画、出版がそのような形での出版となったが、私自身は原稿を書き進めて行く内に自己の技術の確認と、過去に受けた指導の在り方のギャップに、技術の受け取りと確認そして指導の難しさを考えさせられた。

　渡口師の型における指導は、一つの型について基礎、分解、裏分解と指導して行くのではなく、型と表の分解を指導して後は一切指導せず、本人の修練と熟練度を見ていたように思われる。

　裏分解の指導はその修練と熟練度により一部をぽつりと指導し、のちにその修練、熟練度をみる。ある時は別の型の分解の一部、裏分解の一部を指導する、体系付けられた指導ではなく、バラバラの指導であられた。

　しかし、書籍にするには型一つ一つについて分解、裏分解を書き進めなければならず、師から学んだ分解、裏分解をバラバラに紹介するのではなく、型に当てはめて書き進めることになり、型、分解、裏分解への流れの体系付けが必要となった。

　剛柔流拳法シリーズは私にとって受けた指導と、分解、裏分解の体系付けという、初めての試みになり、と同時に自らの技術の確認になった。

　最終章に当たり改めてこのような企画の機会を与えてくれた株式会社チャンプに感謝します。

久場 良男

プロフィール

久場良男（くば・よしお）

1946年9月7日生まれ。中学生の頃は剣道を嗜み、15歳の時に渡口政吉師に師事し、師範免許を授かる。大学時代は、名古屋市名城大学薬学部に在籍。そこで、和道流空手と親しむ。26歳で沖縄県沖縄市に戻り、鍼灸院を経営しながら沖縄空手道拳武館を主宰。全空連公認六段位、七段位を受験規程最若年で取得。沖縄県空手連合会範士十段。

現在、沖縄県空手道連合会理事長、沖縄空手道拳法会宗師範、沖縄空手道拳武館館長、沖縄市スポーツ少年団副本部長などを兼務。

新城孝弘（しんじょう・たかひろ／演武補助）

1956年沖縄県生まれ。1972年空手道入門、首里手松村派と古武道を学ぶ。1977年上京、本土の伝統派空手を学び、1985年沖縄県沖縄市に戻り、そこで当真正貴師に泊手と古武道を学ぶ。さらに、久場良男師より古伝剛柔流空手を学ぶ。空手道拳龍同士会を主宰。

現在、沖縄市体育協会空手道専門部長、沖縄市スポーツ少年団本部委員、沖縄空手道拳法会師範などを兼務。

最後の伝承　古伝剛柔流拳法 3

2013 年 4 月 1 日　第 1 刷発行

著　者　久場良男
発行者　井出將周
発　行　株式会社 チャンプ
　　　　〒166-0003　東京都杉並区高円寺南 4-19-3
　　　　　　　　　　総和第二ビル 2 階
　　　　販売部　Tel. 03-3315-3190　　Fax 03-3312-8207
　　　　編集部　Tel. 03-3315-5051　　Fax 03-3315-1831
　　　　URL　http://www.champ-karate.com/
印　刷　株式会社ナミ印刷

落丁・乱丁の際はお取り替えいたします。
法律で許可された場合以外に本書からの無断転載を禁じます。

ISBN 978-4-86344-007-4